LandFrauen
Saisonal & regional
Heimisches Obst und Gemüse
frisch auf den Tisch

Landfrauen

Saisonal & regional

Heimisches
Obst und Gemüse
frisch auf den Tisch

©2021 by einhorn-Verlag+Druck GmbH

Gesamtherstellung
einhorn-Verlag+Druck GmbH

Projektleitung
Jens Giese, einhorn-Verlag

Fotos
Simone Mathias, gegenwart-foto.de
Jens Giese, einhorn-Verlag

Satz
Jens Giese, einhorn-Verlag

Redaktion
Andrea Porr, einhorn-Verlag
Ina Klompmaker, einhorn-Verlag

ISBN 978-3-95747-127-7

1. Auflage, November 2021
Printed in EU

www.einhornverlag.com

Vorwort

In der heutigen Zeit bekommt man zum Kochen eine Vielzahl von hochwertigen Grundnahrungsmitteln, die man – regional und saisonal – frisch aus dem eigenen Garten holen oder auf den Märkten kaufen kann. Mit den ausgesuchten Rezepten in diesem Kochbuch wollen die LandFrauen aufzeigen, dass es Spaß macht, immer wieder Neues auszuprobieren. Die Einteilung in Monate soll auf die Saisonalität der Produkte aufmerksam machen und so dabei helfen, langfristig einen nachhaltigeren Lebensstil zu etablieren. Denn bereits mit regionalem Einkaufen werden lange Transportwege und unnötige Verpackungen vermieden, wodurch ein wichtiger Beitrag zum Umweltschutz geleistet wird. Doch nicht nur das: Frische, saisonale Produkte regional einkaufen – so kann man auch das beste Geschmackserlebnis erfahren.

Als sich die LandFrauenvereine vor vielen Jahren gründeten, war die Situation in den Familien noch eine andere. Auf dem Land war der eigene Garten zur Selbstversorgung eine Selbstverständlichkeit. Lagerung und Einmachen wurden in den Kursen der Landwirtschaftsverwaltung gelehrt und in der Gemeinschaft der LandFrauenvereine umgesetzt. In den Städten war man auf bestimmte Lieferungen wie z. B. von Kartoffeln zum Lagern und Wurzelgemüse, das haltbar gemacht wurde, angewiesen. Nach den Kriegswirren war die Versorgung der Bevölkerung mit Nahrungsmitteln und die Aufnahme der vielen Heimatvertriebenen oberste Aufgabe. Eine Frau der ersten Stunde der LandFrauenvereine war die Freifrau Margarete vom Holtz in Alfdorf.

2022 feiert der LandFrauenverband 75-jähriges Jubiläum. Der älteste Ortsverein ist Alfdorf, er wurde am 20. April 1946 gegründet. Derzeit hat der Kreisverband Schwäbisch Gmünd 20 Ortsvereine und knapp 2000 Mitglieder. Auch heute engagieren sich die LandFrauen in ihren Gemeinden auf vielfältigste Art und Weise.

Dieses Buch soll auch Mut machen, im eigenen Garten, in Hochbeeten oder Kübeln, durchaus auch eigenes Gemüse anzubauen. Man kann selbst auf kleinstem Raum mit Gemüse, Beeren und Obst experimentieren. Im Fachhandel gibt es vorgezogene Setzlinge von den verschiedensten Gemüsearten, sodass nach den Eisheiligen auf manchem Quadratmeter Erde mit einer guten Grundlage, Kompost und Wasser frische Kräuter und frisches Gemüse heranwachsen können. Die Weitergabe dieses Wissens ist den LandFrauen ganz besonders wichtig. Doch auch die Kompetenz des Wirtschaftens und Kochens von hochwertigen Mahlzeiten muss man sich durch Üben und immer wieder Ausprobieren erarbeiten. Hierbei sollen diese saisonalen Rezepte mit ihrer Unterteilung in Vorspeise, Hauptspeise und Nachspeise helfen.

Ihre LandFrauen des Kreisverbandes Schwäbisch Gmünd wünschen gutes Gelingen!

Doris Kurz
Katrin Stauß
Monika Kucher

www.landfrauen-gd.de

75 Jahre

Land Frauen

**KreisLandFrauenverband
Schwäbisch Gmünd**

Inhalt

Ursula Schabel

Zusammen mit ihrer Tochter pflegt Ursula Schabel einen eigenen Garten. Dort pflanzen die beiden unter anderem Johannisbeeren und Brombeeren an, die dann für einen leckeren Nachtisch verwendet werden können. Außerdem betreiben Ursula Schabel und ihre Familie einen eigenen Demeter-Milchbetrieb. Sie legt großen Wert auf Regionalität, da hierbei nur kurze Transportwege anfallen und so die Umwelt geschont wird. Die Rechbergerin kauft daher gerne auf dem Wochenmarkt oder in Gärtnereien ein.

Schon seit 29 Jahren ist Ursula Schabel Mitglied bei den LandFrauen, an welchen sie besonders die Gemeinschaft von Frauen und die Bildungsangebote schätzt. Wichtige Themen in der Bildungsarbeit sind Digitalisierung, Gesundheit und Sport. Ursula Schabel ist Ortsvorsitzende in Straßdorf sowie Vorsitzende auf Kreisebene, weshalb sie stets aktiv an der Planung der Veranstaltungen beteiligt ist. Ansonsten singt sie im Kirchenchor, engagiert sich im Ortschaftsrat und verbringt gerne Zeit mit ihrer Großfamilie und ihrem Hund.

Zutaten für 4 Personen

150 g Ackersalat
1–2 Chicorée

Dressing
1 TL Salz
1 TL Senf mittelscharf
2–3 EL Öl
2–3 EL weißer Balsamico

150 g Walnüsse als Topping

Zubereitung

Ackersalat putzen, Chicorée in Streifen schneiden, einen kleinen rotschaligen Apfel mit Schale in feine Stifte schneiden, alles mischen. Alle Zutaten für das Dressing gut vermischen und den Salat damit anmachen.

Walnüsse grob hacken, in der Pfanne mit etwas Salz leicht anrösten, abkühlen lassen und über den Salat geben.

Zubereitungszeit: ca. 15 Minuten

Feldsalat mit Chicorée

Grüne Bohnen mit Kartoffelbrei

Zutaten für 4 Personen

Grüne Bohnen

350 g grüne Bohnen
50 g Butterschmalz
2 TL gekörnte Brühe
150 g geräucherter Schweinebauch
1,5 l Wasser für die Bohnen zum Kochen
10 g Salz

Kartoffelbrei

1,5 l Salzwasser
1 mittelgroße Zwiebel
500 g geschälte, festkochende Kartoffeln
80 ml Milch (3,5%)
30 g Butter
100 ml Kartoffelbrühe
1 TL Salz
etwas geriebene Muskatnuss

Zubereitung

Bohnen waschen, Stiel und Endspitze abschneiden. In der Mitte nochmals klein schneiden. Bohnen im Wasser mit dem Schweinebauch kochen. Butterschmalz in einem Topf zerlassen, Mehl dazugeben und unter ständigem Rühren braun anbraten – darf nicht zu dunkel werden. Das Ganze, wenn die Mehlschwitze die ideale Bräune hat, unter Rühren ablöschen, aufkochen und abschmecken.

Für den Kartoffelbrei Salzwasser aufsetzen, bis es heiß ist. Die Zwiebel klein schneiden und mit den geschälten Kartoffeln kochen, bis sie weich sind.

In einem anderen Topf Milch und Butter warm werden lassen, mit der Spätzlemaschine die Kartoffeln durchdrücken. Salzen und je nach Geschmack würzen und mit dem Schneebesen verrühren. Wenn notwendig, mit der gekochten Kartoffelbrühe zu einem leichten Kartoffelbrei verrühren.

Mit Saitenwürsten oder Speck warm servieren.

Im Januar muss man für dieses Rezept gefrorene Bohnen verwenden.

Zubereitungszeit: ca. 75 Minuten

Monika Kucher

Monika Kucher stammt aus einer Familie, für die ein Garten immer dazugehörte – eine Tradition, die sie gerne fortführt. Wenn sich die Familie trifft, gibt es immer viel zu erzählen und auszutauschen: Was gedeiht wie am besten und lässt sich wie am besten weiterverarbeiten? Auch ihren zweieinhalb Jahre alten Enkel habe die Gartenleidenschaft bereits gepackt und er erzähle schon stolz, was er mit Oma geerntet habe. Monika Kucher ist diese gemeinsame Zeit wichtig, um das Wissen weiterzugeben. Wenn sie abends noch ein Stündchen in den Garten gehe, sei dies der beste Ausgleich, erklärt sie. Manches Belastende könne man dort verschaffen. Außerdem hat sie so immer genügend Obst und Gemüse, um es für den Winter einzufrieren. So macht sie es auch mit den grünen Bohnen im Rezept.

Wichtig seien ihr auch die LandFrauen. Im Kreisvorstand ist Monika Kucher für 20 Ortsvereine zuständig und macht die Referenten- und Sportkursabrechnungen, bei den Großdeinbacher LandFrauen ist sie in der Vorstandschaft.

Ingrid Wahl

Selbst Gemüse und Obst anzubauen ist Ingrid Wahl sehr wichtig, denn nur so kann sie sich stets leckere Früchte holen, ohne aus dem Haus gehen zu müssen – sondern nur in den Garten. Früher besaß sie noch einen weiteren Garten, da war es fast schon eine »Katastrophe«, wie viele Erdbeeren sie nach der Ernte hatte. Außerdem steckte da auch ein Riesenaufwand dahinter: Vor Sonnenaufgang musste geerntet und dann auch noch alles verarbeitet werden. Heute hat sie »nur noch« ein Hochbeet und ein Gewächshaus. Das geerntete Obst und Gemüse wird trotzdem fleißig weiter verschenkt. Außerdem kann Ingrid Wahl so saisonal und nachhaltig kochen.

Vor 31 Jahren hieß es einmal »Gang mit zu d' Landfraua« und seitdem ist Ingrid Wahl mit Freude dabei. Sie findet, es ist eine Bereicherung, denn man erlebt was, sieht und hört viel, sodass man immer etwas mitnehmen kann.

Zutaten für 3 Personen

1/4 l Milch
30 g Zucker
20 g Hefe
2 Eigelb (Größe M)
1 Prise Salz
150 g Mehl

250 g Himbeeren
    (kann auch Tiefkühlkost sein)
50 g Puderzucker
1 EL Crème fraîche

2–3 EL Öl
etwas Zitronenmelisse

Zubereitung

Milch (bis auf 2 EL), Zucker, Hefe, Eigelb und eine Prise Salz verrühren und zum Mehl geben. Alles mit dem Knethaken des Handrührers verarbeiten. Den Teig an einem warmen Ort ungefähr 30 Minuten gehen lassen, bis er Blasen wirft.

Himbeeren (Tiefkühlkost zuerst auftauen lassen) mit 30 g Puderzucker pürieren und durch ein Sieb streichen. Crème fraîche mit 2 EL Milch und 10 g Puderzucker verrühren.

Hefeteig durchkneten und im heißen Öl bei mittlerer Hitze 12 kleine Plinsen daraus backen.

Mit dem Himbeerpüree auf Portionstellern anrichten.

Mit einem kleinen Löffel je einen Streifen Crème fraîche in das Himbeerpüree laufen lassen und mit einem Holzstäbchen kleine Muster hineinmalen. Die Plinsen mit dem restlichen Puderzucker bestäuben und mit Melisseblättern garnieren.

Sofort servieren!

Zubereitungszeit: ca. 60 Minuten

Tipp:

Dazu passt Zitroneneis!

Hefeplinsen mit Himbeermark

Grünkohlsalat

Zutaten für 4 Personen

400 g Grünkohl (ergibt geputzt ca. 200 g)
1 Orange
1 EL Olivenöl
1 EL weißer Balsamico
Salz und Pfeffer

Zubereitung

Grünkohl waschen, grobe Stiele und Strünke entfernen, Blätter zerkleinern. Die zerkleinerten Blätter in kochendem Wasser 3 Minuten blanchieren. Unter kaltem Wasser abschrecken und lauwarm zu den vorbereiteten, filetierten Orangen geben und unterheben.

Mit Öl, Essig, Pfeffer und Salz eine Marinade zubereiten und alles unterheben.

Zubereitungszeit: ca. 20 Minuten

Doris Kurz

Doris Kurz, Kreisvorsitzende der Land-Frauen, ist eine Garten-Botschafterin par excellence. Ihre Erfahrungen an der Basis bringt sie seit 15 Jahren als Präsidiumsmitglied im Landesverband Württemberg-Baden ein. Beeren, Obst und Gemüse im eigenen Garten anzubauen ist nachhaltig und deshalb ein Gebot der Stunde, sagt sie.

Ihr ist es wichtig, Kinder für Ernährung und die Arbeit im Garten zu begeistern, denn nur durch Weitergabe können das Know-how und die Fertigkeiten erhalten werden. In ihrem Ortsverein Spraitbach, wo sie seit 1989 Gründungsvorsitzende ist, organisiert sie deshalb in Zusammenarbeit mit der Grundschule den Haushaltsführerschein für Drittklässler. Im Winter den Rosenkohl vom Schnee zu befreien und zu ernten – welch schöne Beschäftigung für die Kleinen, zumal es feinmotorisch eine gute Übung ist, die Röschen zu pflücken. Und was gibt es Spannenderes, als zu sehen, wie aus einem Samenkorn, fällt es in fruchtbare Erde, neues Leben entsteht.

Doch auch anderweitig engagiert sich Doris Kurz: seit 1989 ist sie Mitglied des Gemeinderats in Spraitbach.

Marie-Luise Hientz

Für Marie-Luise Hientz ist es eindeutig: ein Garten ist gleich Entspannung. Zum Gemüseanbau hat sie jedoch ein gespaltenes Verhältnis, vor allem wegen der sehr aktiven Schnecken. Ein Hochbeet wird aber natürlich trotzdem bepflanzt, mit Kohl, Tomaten, Pflücksalat oder Erdbeeren. Wichtig ist ihr eine saisonale und regionale Ernährung, wofür sie häufig im Hofladen einkauft. Auch der Rosenkohl aus ihrem Rezept stammt aus der Region.

Die LandFrauen hat sie für sich entdeckt, nachdem sie nach Alfdorf gezogen ist und Kontakte knüpfen wollte. »Ich bin wirklich in Alfdorf angekommen, weil ich von meinem sozialen Umfeld akzeptiert werde«, sagt Marie-Luise Hientz. Schon kurz nachdem sie bei den LandFrauen angefangen hat, kam sie in den Vorstand. Was die LandFrauen für sie ausmacht, sind vor allem die Gemeinschaft sowie der Sport, die Reisen und die Ausflüge. Durch die LandFrauen habe sie viel dazugelernt und sich weitergebildet. Ansonsten häkelt und strickt sie in ihrer Freizeit gerne.

Zutaten für 4 Personen

500 g Rosenkohl
Gemüsebrühe
2 EL Butter oder Margarine
2 EL Mehl
100 ml süße Sahne
1 TL Zitronensaft
1/2 TL Zucker
Salz
100 g geriebener Käse (Gouda, Emmentaler oder anderer Hartkäse)
Chiliflocken
Muskat

Zubereitung

Rosenkohl waschen, putzen, Stielenden kreuzweise einschneiden, in einem Topf mit Gemüsebrühe aufkochen lassen und zugedeckt ca. 10 Minuten garen. Röschen herausnehmen und warm stellen.

Butter in einem Topf zerlassen und das Mehl darin unter Rühren goldgelb rösten. Die Rosenkohlbrühe langsam zugießen und dabei ständig rühren und aufkochen lassen. Sahne und Käse hinzugeben und so lange rühren, bis sich der Käse aufgelöst hat.

Mit Salz, Zitronensaft, Zucker, Chiliflocken (wer mag) und Muskat würzen. Die Röschen zugeben und in der Sauce wieder heiß werden lassen, aber nicht aufkochen.

Ist die Sauce zu dünn, kann 1 Eigelb mit 1 EL kalter Sahne oder Milch verquirlt und in die Sauce gerührt werden.

Zu Rosenkohl mit Käse-Sahne-Sauce passen Kartoffeln.

Zubereitungszeit: 45–60 Minuten

Tipp:

Mit einem Schweinesteak oder Naturschnitzel ist Rosenkohl mit Käse-Sahne-Sauce und Kartoffeln ein Festtagsessen.

Rosenkohl in Käse-Sahne-Sauce

Quarkknödel
mit Apfelmus

Zutaten für 4 Personen

500 g Quark
50 g Grieß
50 g Mehl
50 g Paniermehl
2 Eier
etwas Salz

Zubereitung

Alle Zutaten in eine Schüssel geben und schnell und gut vermischen; dann ca. 20 Minuten ruhen lassen. Mit feuchten Händen Knödel formen und im leicht kochenden Salzwasser bei geschlossenem Deckel 15 Minuten sieden lassen.

Butter in einer Pfanne schmelzen und mit Paniermehl und eventuell Nüssen leicht vermischen. Knödel aus dem Wasser nehmen und in der Pfanne wälzen.

Zubereitungszeit: ca. 35 Minuten

Tipp:

Schmeckt mit Apfelmus, Zimt und Zucker oder auch Pflaumenkompott!

Mathilde Tobias

Eine Vielzahl an Obst- und Gemüsesorten baut Mathilde Tobias in ihrem Garten an: unter anderem Kirschen, Pflaumen, Spinat, Gurken, Zucchinis und Himbeeren. Das Gemüsebeet wird wegen der vielen anfallenden Arbeiten zwar immer kleiner, dennoch bietet der Garten großen Genuss, wie sie beschreibt, denn in ihrem Garten in Wustenriet gebe es ein wunderschönes Fleckchen unter einem Kirschbaum, von dem man einen atemberaubenden Blick auf den Rechberg und die Schwäbische Alb habe. Im Sommer biete der Platz angenehmen Schatten, im Winter glitzere dort der Schnee und man fühle sich so, als sei man im Allgäu.

Mathilde Tobias achtet auf einen saisonalen Konsum. Bei ihr gibt es etwa Kohlrabi- oder Mangoldgerichte, für den Winter friert sie Obst und Gemüse ein. Auch dünstet und macht sie viel in Gläser ein wie Rote Bete, Pflaumen oder Kirschen.

Mathilde Tobias ist seit drei Jahren bei den LandFrauen. Sie möchte mobil bleiben, aber auch Zeit für sich haben und Leute treffen. In ihrer Freizeit geht sie ansonsten gerne zum Turnen, fährt Fahrrad, liest und näht.

Barbara Weber

Barbara Weber ist eines der ganz be-
kannten Gesichter bei den LandFrauen.
Seit Jahrzehnten engagiert sie sich im
Verein, doch nicht nur: Vor allem verbin-
det man den Namen Weber weit über
Waldstetten hinaus mit der Togo-Hilfe;
alljährlich gehen Container von Waldstetten aus in das afrikanische Land und
zweimal im Jahr besuchen die Webers
Togo. Gerne nehmen sie dabei Interes-
sierte mit und immer wieder kommen
auch Togoer nach Waldstetten, um sich
über die Vereinsarbeit und die deutsche
Kultur zu informieren.

In der Küche probiert Barbara Weber
gerne Neues aus. Inspiriert wird sie von
den LandFrauen oder von der togolesi-
schen Küche. Dass sich Radieslesblätter
auch für eine Suppe eignen, hat sie ir-
gendwo gelesen und gleich ausprobiert;
auch zarte Rote-Bete-Blätter mischt sie
gerne unter den Salat. Überhaupt rei-
zen sie ausgefallene Sachen wie etwa
Erdbeeren im Salat oder Erdnüsse in der
Suppe oder Sauce.

Zutaten für 4 Personen

150 g Rosenkohl
1 mittlerer Radicchio
100 g Ackersalat
1–2 Chicorée
2 mittelgroße Orangen
100 g Naturjoghurt
1 TL Senf
1 TL Honig
100 g Crème fraîche
Schnittlauch
Pfeffer, Salz

Zubereitung

Rosenkohl waschen, in einzelne Blätter zerpflücken,
kurz in Gemüsebrühe blanchieren und abtropfen
lassen. Radicchio und Ackersalat putzen, waschen
und trockenschleudern. Chicorée waschen und abtropfen lassen. Dann die eine Hälfte in ganzen Blättern lassen, den Rest in Streifen schneiden. Orangen
schälen und filetieren, dabei den Saft auffangen.
Den Salat auf einer großen Platte oder auf Salattel-
lern anrichten.

Aus Crème fraîche, Naturjoghurt, Senf, Honig,
Orangensaft, Pfeffer, Salz und kleingeschnittenem
Schnittlauch ein Dressing machen und extra zum
Salat reichen.

Zubereitungszeit: ca. 20 Minuten

Fruchtiger Wintersalat

Krautkrapfen

Zutaten für 4 Personen

1 Zwiebel
etwas Fett
300 g Sauerkraut
Salz, Pfeffer, Muskat, Kümmel
100 g Rauchfleisch
1 kg Nudelteig
1/2 l Fleisch- oder Gemüsebrühe

Zubereitung

Zwiebel in ein wenig Fett andünsten. Sauerkraut dazugeben und garen. Mit Salz, Pfeffer, Muskat und Kümmel abschmecken. Rauchfleisch in kleine Würfel schneiden.

Nudelteig ausrollen und die Füllung darauf verteilen. Dann die Rauchfleisch-Würfel auf die Füllung streuen. Teig sehr dicht aufrollen, in 5 cm Stücke schneiden und mit der Schnittfläche in eine gefettete Form setzen.

Krapfen mit Brühe übergießen, sodass sie knapp bedeckt sind.

Bei Ober-/Unterhitze 200°C ca. 40 Minuten garen.

**Zubereitungszeit
mit selbstgemachtem Nudelteig:** ca. 90 Minuten

Rezept für den Nudelteig

Zutaten
für 4 Personen

400 g Mehl
4 Eier
1 Pr. Salz
4 EL Wasser
2 EL Pflanzenöl

Zubereitung

Alle Zutaten zu einem geschmeidigen Teig verkneten und 30 Minuten abgedeckt ruhen lassen.

Anschließend ca. 2 mm dick zu einem Rechteck ausrollen und die Krautmischung darauf verteilen.

Regina Herrmann

Selbstversorgung ist für Regina Herrmann ungemein wichtig; das ermöglicht der familieneigene Biolandbetrieb. Sie pflanzt dort verschiedene Gemüsesorten wie Tomaten, Gurken, Lauch – welchen sie auch für eines ihrer Rezepte verwendet hat – und Weißkraut an, um daraus leckere Gerichte zu kochen und das Gemüse für den Winter haltbar zu machen. Der Rechbergerin ist es wichtig, saisonal und regional zu konsumieren. Daher stammt ein Großteil ihres Fleischkonsums von Rindern aus eigener Aufzucht.
Regina Herrmann kam 2008 aus Neugier zu den LandFrauen. Seitdem schätzt sie die verschiedenen Ausflüge und Fortbildungen sehr, die dort geboten sind. Neben dem vielfältigen Angebot kann sie bei den LandFrauen zahlreiche Kontakte knüpfen und übt dort zudem verschiedene Ämter ehrenamtlich aus, etwa im Agrarsozialen Arbeitskreis des Kreis-LandFrauenverbandes. In ihrer Freizeit geht Regina Herrmann gerne mit ihrem Hund spazieren. Außerdem macht sie Yoga, strickt und liest gerne Bücher aller Art.

Zutaten für 4 Personen

160 ml Kirschsaft (kann auch der Saft
     von eingemachten Kirschen sein)
20 g Speisestärke
1 EL Zucker, nach Bedarf auch mehr
1 Zimtstange (nach Geschmack)
ca. 500 g Beeren (schwarze oder rote
     Johannisbeeren, Brombeeren,
     Himbeeren usw. Die Mischung
     gelingt im Winter auch mit
     tiefgefrorenen Beeren)

Zubereitung

Beeren verlesen, waschen und putzen, Erdbeeren
vierteln. Im Winter kann man auch gefrorene Beeren nehmen. 100 ml Kirschsaft mit dem Zucker und
der Zimtstange aufkochen und die Johannisbeeren
dazugeben.

Mit dem restlichen Saft die Speisestärke verrühren
und in die kochende Masse einrühren, bis die Masse angedickt ist; Himbeeren und Erdbeeren erst am
Schluss hinzufügen.

Dazu passt eine Kugel Vanilleeis und ein Löffel ge-
schlagene Sahne.

Zubereitungszeit: ca. 30 Minuten

Doris Kurz

Beeren-Grütze

Spargelsalat

Zutaten für 4 Personen

750 g Spargel, weiß
etwas Weißwein
Butter, Zucker
2 Tomaten
2 hartgekochte Eier
5 EL weißer Balsamico
1 TL Senf
1 EL Zucker
9 EL Olivenöl
Salz, Pfeffer
Frische Kräuter aus dem Garten

Zubereitung

Wasser mit Salz, etwas Butter, Zucker und einem Schuss Weißwein aufkochen und den geschälten Spargel darin garen, bis er bissfest ist. Anschließend den Spargel abkühlen lassen (schmeckt auch lauwarm sehr gut).

Den Spargel in 3 bis 4 cm dicke Stücke schneiden und mit den gewürfelten hartgekochten Eiern vermischen. Die Tomaten entkernen, klein würfeln und ebenfalls dazugeben (wer mag, kann die Tomaten auch vorher enthäuten).

Für die Salatsauce, den Balsamicoessig mit Senf und Zucker vermischen und das Olivenöl in einem dünnen Strahl kräftig unterrühren. Mit Salz und Pfeffer würzen, dann über den Spargel geben, durchmischen und mit frischen Kräutern bestreuen.

Zubereitungszeit: ca. 35 Minuten

Claudia Vogt

Ein eigener Garten ist Arbeit, aber auch Erfüllung und Freude, und für Claudia und Klaus Vogt ein großes Hobby, bei dem sie sich perfekt ergänzen: Ihr Mann ist fürs Gemüse zuständig – manche Tomatensorten ziehen sie seit 20 Jahren selbst – und sie fürs »Krieschdle«, wie sie selbst sagt. Eine glatte Untertreibung. Wer ihren Garten in Mögglingen betritt, fühlt sich wie im Paradies, ein Beet ist schöner als das andere, eine Ecke idyllischer als die vorherige. Aus jedem alten Topf und jedem leeren Schneckenhaus zaubert die Frisörin ein Kunstwerk. Kein Wunder, dass die Gemeinde für die Remstal-Gartenschau bei Claudia Vogt angeklopft hat, ob sie nicht einen naturnahen Steingarten in der Ortsmitte anlegen will. Allein mit gespendeten Pflanzen hat sie ein weit über Mögglingen hinaus beachtetes Aushängeschild der Gartenschau geschaffen.

Katrin Stauß

Wenn es um heimisches Gemüse geht, ist Katrin Stauß nicht zu bremsen. Mit einem großen Gemüsegarten ist die Diätassistentin aufgewachsen und hat schon als Kind in den elterlichen Beeten in Degenfeld Schwarzwurzeln angebaut. Später hat sie im Beruf erfahren, wie wertvoll etwa Kohlgewächse und Zwiebeln mit ihren sekundären Pflanzenstoffen sind. »Wir brauchen nichts aus Fernost zum Leben«, ist sie überzeugt. Ums Gemüse komme man einfach nicht herum, da es viele Vitamine, Nährstoffe und Ballaststoffe enthalte. Paradoxerweise habe unser Wohlstand zu einer ungesunden, fleischlastigen Ernährung geführt, erklärt sie.

Auch in der veganen Ernährung sieht sie Probleme, etwa wenn zu viele hochverarbeitete Lebensmittel konsumiert werden. Es gehe einfach nichts über Staudensellerie, Spinat und frisch geernteten Salat in der Küche. Doch auch wer es exotischer mag, kann im heimischen Garten fündig werden: Zitronengras lässt sich wunderbar im Kräutergarten oder Hochbeet anbauen. Katrin Stauß verwendet es gerne, wie z. B. in ihrem Rezept für Spinat-Lachs-Nudeln.

Zutaten für 4 Personen

350 g Vollkornspaghetti
2 St. Zitronengras
600 g Lachsfilet ohne Haut
2 El Rapsöl
Szechuanpfeffer
1 kg Blattspinat
20 g Ingwer
2 Knoblauchzehen
400 ml Kokosmilch
1 EL Kurkuma
Chilipulver
Salz, Pfeffer
1/2 Limette, unbehandelt
1/2 TL Koriander, gemahlen

Zubereitung

Das Zitronengras der Länge nach halbieren und in reichlich Salzwasser zum Kochen bringen. Die Vollkornspaghetti nach Packungsanleitung bissfest kochen.

Die Lachsfilets unter fließendem, kaltem Wasser abspülen, in Würfel schneiden und mit dem Szechuanpfeffer würzen. Das Öl in einer Pfanne erhitzen und die Lachswürfel darin goldbraun anbraten. Aus der Pfanne nehmen.

Den Spinat verlesen, gründlich waschen und gut abtropfen lassen.

Ingwer und Knoblauch schälen, fein schneiden und in der Pfanne andünsten. Mit Kokosmilch ablöschen und leicht einkochen lassen. Den Blattspinat dazugeben und zusammenfallen lassen. Das Ganze aufkochen, eventuell noch etwas Wasser dazugeben und mit den Gewürzen, dem Abrieb und Saft der Limette abschmecken. Die Nudeln unter den Spinat mischen und auf 4 Tellern anrichten. Die Lachswürfelchen auf den Nudeln verteilen.

Zubereitungszeit: ca. 45 bis 60 Minuten

Info: Zitronengras gedeiht auch in unseren Gefilden gut im Kräuterbeet!

Spinat-Lachs-Nudeln

Ingrid Wahl

Topfen-Nockerln mit Kirschsauce

Zutaten für 4 Personen

500 g Magerquark
3 Eier
100 g Mehl
120 g Grieß
Salz

50 g Semmelbrösel
40 g Butter

1 Glas Schattenmorellen
25 g Speisestärke
Zucker

Zubereitung

Quark mit den Eiern cremig rühren, Mehl und Grieß zugeben, salzen und 30 Minuten quellen lassen.

Reichlich Salzwasser zum Kochen bringen, Quarkteig mit einem Teelöffel abstechen und im siedenden Wasser 12 Minuten ziehen lassen, bis sie an der Oberfläche schwimmen. Mit einem Schaumlöffel aus dem Wasser heben. Falls die Nockerln auseinanderfallen, noch etwas Grieß zum Teig geben.

Brösel in Butter anbräunen, Nockerln darin schwenken.

Einige Kirschen zum Garnieren beiseitelegen. Restliche Kirschen mit Saft in einen Topf geben, 3 EL Saft abnehmen und damit die Stärke anrühren.

Die Kirschen mit dem Pürierstab pürieren und zum Kochen bringen. Angerührte Stärke unter ständigem Rühren dazugeben und durchkochen. Die Kirschsauce nach Geschmack mit Zucker abschmecken.

Nockerln mit der Kirschsauce servieren.

Zubereitungszeit: ca. 45 Minuten

Zutaten  für 4 Personen

2 Bund Radieschen
1 Zwiebel
2 große, mehligkochende
  Kartoffeln
750 ml Gemüsebrühe

Zubereitung

Radieschen mit den Blättern waschen. Das Grün abschneiden und gut abtropfen lassen. Einige Blätter als Deko auf die Seite legen. Den Rest fein hacken.

1 Zwiebel fein hacken, 2 große, mehlig kochende Kartoffeln schälen und in Würfel schneiden. Zwiebel in 1 EL Butter andünsten, Kartoffeln und Radieschengrün zugeben und mit 750 ml Gemüsebrühe ablöschen. Das Ganze köcheln lassen, bis die Kartoffeln weich sind.

4 Radieschen als Deko in Scheiben schneiden, die restlichen fein raspeln.

Die Suppe pürieren, 150 ml Sahne unterrühren und mit Pfeffer, Salz und Muskat abschmecken.

Geraspelte Radieschen unterheben und mit den Radieschenscheiben und dem Blattgrün dekorieren.

Zubereitungszeit: ca. 20 Minuten

Barbara Weber

Grüne Radiesles-Suppe

Zutaten für 4 Personen

Gemüsepuffer

200 g Hokkaido oder Zucchini oder
     halb Karotten und halb Zucchini
     (kann auch etwas mehr sein)
1 Zwiebel
1 Knoblauchzehe
1/2 Bund Petersilie
2-3 EL Mehl
2 EL gemahlene Mandeln
100 g geriebener Parmesankäse
4 Eier
eventuell etwas Milch
Salz, Pfeffer, Muskat oder
  etwas Kürbisgewürz oder Curry

Zubereitung

Gut 200 g Hokkaido mit Schale (das gibt eine schöne Farbe) grob hobeln. Alternativ kann man auch Zucchini oder halb Karotten und halb Zucchini nehmen. Die Zwiebel, die Knoblauchzehe und die Petersilie fein hacken.

Aus dem Mehl, den gemahlenen Mandeln, dem geriebenen Parmesankäse, den Eiern und eventuell etwas Milch einen dicken Pfannkuchenteig machen.

Mit Salz, Pfeffer und den Gewürzen würzen und unter das Gemüse sowie die weiteren Zutaten heben.

Öl in einer Pfanne erhitzen und mit einem Esslöffel den Teig portionsweise in die Pfanne setzten und eventull etwas flach drücken. Die Puffer bei schwacher Hitze von beiden Seiten goldgelb anbraten.

Zubereitungszeit: ca. 20 Minuten

Tipp:

Die Puffer kann man auch zu Salat oder als Beilage zu einem Fleischgericht reichen.

Barbara Weber

Gemüsepuffer mit Kräuter- joghurtcreme

Zutaten für 4 Personen

Kräuterjoghurtcreme

300 g griechischer Naturjoghurt
100 g Crème fraîche
1/2 Bund Schnittlauch
1/2 Bund Petersilie
3 Frühlingszwiebeln
eventuell einige Radieschen
Kräutersalz, Pfeffer und
   Paprikapulver

Zubereitung

Den Naturjoghurt und die Crème fraîche vermengen. Schnittlauch und Petersilie klein hacken, Frühlingszwiebeln in Ringe schneiden und unterheben; auch einige klein geschnittene Radieschen können verwendet werden.

Mit Kräutersalz, Pfeffer und Paprika abschmecken.

Zutaten für 4 Personen

400 g weißer Spargel
Zucker, Salz
240 g Erdbeeren
40 g Butter
4 EL Zucker
4 EL Orangensaft
8 Kugeln Vanilleeis
Balsamico-Creme
Zitronenmelisse

Zubereitung

Spargel schälen, Erdbeeren waschen und je nach Größe in Viertel oder Achtel schneiden. Spargel in Wasser mit Zucker und Salz bissfest garen. Anschließend diagonal in 1 cm große Stücke schneiden. Butter in einer Pfanne erhitzen, Zucker zugeben und karamellisieren lassen, mit Orangensaft ablöschen und leicht reduzieren. Spargel und Erdbeeren zugeben und in der Sauce kurz schwenken.

Erdbeeren, Vanilleeis und Spargel auf einem Teller anrichten, mit Zitronenmelisse und der Balsamico-Creme garnieren.

Zubereitungszeit: ca. 30 Minuten

Tipp:
Das i-Tüpfelchen ist die Balsamico-Creme!

Karamellisierter Spargel mit Vanilleeis und Erdbeeren

Rembrandtsalat

Claudia Vogt

Zutaten für 4 Personen

1 Scheibe Ananas
100 g Gouda
2 Scheiben gekochten Schinken
  (ca. 0,5 cm dick)
1/2 Salatgurke
1/2 Kopfsalat
1 Paprika

Für die Mayonnaise:

1 Eigelb
1 gestr. TL Salz
1 Prise Zucker
1 TL Senf
Pfeffer, Muskat
2-3 EL Essig oder Zitrone
1 EL Sahne
125 ml Sonnenblumenöl

Zubereitung

Für die Mayo das Eigelb, Salz, Zucker, Senf und Pfeffer vermischen; danach mit einem Schneebesen die Masse kräftig schlagen und das Öl in einem sehr dünnen Strahl ganz langsam hinzufügen. Anschließend mit Muskat, wer mag auch etwas Maggi-Würze, und mit Essig oder Zitrone und Sahne verfeinern.
Die selbst gemachte Mayonnaise kann auch durch Miracel Whip ersetzt werden.

Ananas, Gouda, Schinken und Salatgurke in gleichmäßige Stücke schneiden und mit der Mayo vermengen.

Auf einer Salatplatte Blätter von einem halben Kopfsalat anrichten, die Masse darauf verteilen und mit roten Paprika-Streifen garnieren.

Zubereitungszeit: ca. 25 Minuten

Zutaten für 4-6 Personen

Zucchini
Auberginen
Paprikaschoten
Spargel

Sauce
Saft von 1 bis 2 Zitronen
Olivenöl
1 Knoblauchzehe
Reichlich Petersilie
Pfeffer und Salz
1 Prise Zucker oder 2 EL Orangensaft

Zubereitung

Gemüse der Länge nach in ca. 2 mm dicke Scheiben schneiden, geschälte Spargelstangen halbieren. Alles mit Olivenöl bepinseln und auf dem Grill garen.

Aus dem Zitronensaft, der fein geschnittenen oder durchgepressten Knoblauchzehe, dem Olivenöl und der gehackten Petersilie eine mit Salz, Pfeffer und einer Prise Zucker abgeschmeckte Sauce zubereiten. Anstatt Zucker kann auch etwas frisch gepresster Orangensaft verwendet werden. Sauce zum Grillgemüse reichen.

Zubereitungszeit: ca. 20 Minuten

Tipp:
Die Sauce passt auch ausgezeichnet zu gegrilltem Schafskäse.

Claudia Vogt

Gegrilltes mediterranes Gemüse mit Zitronensauce

Rhabarberkuchen

Zutaten
für 14–16 Kuchenstücke

Für den Mürbeteig
- 300 g Mehl
- 150 g Butter
- 80 g Zucker
- 1 Prise Salz
- 1 Ei

Für den Belag
- Ca. 250 ml Apfelsaft
- 500 g Rhabarber
- 150 g Zucker
- 1 Pck. Vanillepuddingpulver
- 1 Becher Sahne

Zubereitung

Am Vortag Rhabarber schälen, in 3–4 cm lange Stücke schneiden und mit dem Zucker vermengen. Über Nacht kalt stellen.

Am nächsten Tag einen Mürbeteig kneten. Rhabarber und Saft trennen, den Saft mit Apfelsaft auf 300 ml Flüssigkeit auffüllen. Mit dem Puddingpulver aufkochen und eindicken lassen und die Rhabarberstücke dazugeben.

Springform mit dem Mürbeteig auslegen, die Masse darauf verteilen und ca. 40–50 Minuten bei 170 °C Ober-/Unterhitze backen.

Nach dem Abkühlen mit einem Becher steif geschlagener Sahne bestreichen.

Zubereitungszeit: ca. 70–95 Minuten

Anita Kißling

In den Garten zu gehen ist für Anita Kißling ein wichtiger Ausgleich zur Arbeit im Haus und auf dem Hof. Die Landwirtin betreibt mit ihrem Mann einen Milchviehbetrieb mit Nachzucht in Seifertshofen, dazu kommen Ackerbau und Futterbau für den eigenen Betrieb.

Die Pflanzen wachsen und gedeihen zu sehen, tue dem Menschen gut, ist sich die LandFrau sicher. Doch der Garten will umhegt und gepflegt werden: Nach Ungeziefer schauen, Kartoffelkäfer ablesen, hacken – einmal hacken ist besser als dreimal gießen, rät sie.

Alle Mühe wird belohnt, wenn man einen frischen Salat aus dem Garten oder eine Gurke aus dem Gewächshaus ernten kann – frischer und besser geht es nicht. Sehr in Ehren hält sie auch ihren alten Rhabarberstock, der noch von der Schwiegermutter stammt. Schön mild und fruchtig wird daraus jedes Frühjahr ein leckerer Rhabarberkuchen.

Veronika Maier

In ihrem eigenen Hausgarten pflanzt Veronika Maier Gemüse und Beeren an, sodass sie sich stolz als Selbstversorgerin bezeichnen kann. Was sie daran besonders schätzt, ist die Natürlichkeit, die ganz ohne Kunstdünger und Schadstoffe auskommt. Um der Regionalität gerecht zu werden, kauft sie am liebsten Fleisch und Kartoffeln aus der Gegend. »Frisch aus der Region schmecken die Gurken einfach besser und intensiver«, erläutert sie. Obwohl ein eigener Garten viel Arbeit macht, wenn es zum Beispiel darum geht, zu ernten oder aus den eigenen Beeren Marmelade zu kochen, nimmt sie sich gerne die Zeit dafür.

Was die junggebliebene Rentnerin sonst noch gerne macht? Sie liebt Gymnastik, Walken und das hauseigene Fitnessstudio, um fit zu bleiben. Ansonsten näht sie, macht Patchwork oder freut sich über den Besuch ihrer Enkel. Doch nicht nur das, Veronika Maier liest auch gerne aktuelle Bestseller wie z. B. von Lucinda Riley oder Klaus Peter Wolf. Auch der Freundeskreis, mit dem sie regelmäßig Kegeln und jährlich einen Ausflug machen, ist ihr und ihrem Mann sehr wichtig.

Zutaten für 4 Personen

1 kg Rote Bete	**Marinade**
1 Zwiebel	5 EL Öl
	3 EL weißer Essig
	1 TL Zucker
	Salz, Pfeffer, Senf

Zubereitung

Rote Bete gut abbürsten und waschen. Blätter nicht zu kurz abschneiden, da sonst die Knolle beim Kochen ausblutet.

In Salzwasser ca. 1 Stunde (je nach Größe) mit Schale kochen, mit einem Holzstäbchen prüfen, ob die Rote Bete gar ist. Abgießen und mit kaltem Wasser abschrecken.

Die Haut entfernen, sie lässt sich leicht abstreifen (wegen Verfärbung Einmalhandschuhe anziehen und Zeitungspapier unterlegen!).

Die Knolle vierteln und in 0,5 cm breite Scheiben schneiden. Stifte oder Würfel sind auch möglich. Zwiebel würfeln und dazugeben. Mit Salatmarinade vermischen und gut abschmecken.

Zubereitungszeit: ca. 75 Minuten

Rote-Bete-Salat

Tipp:
Mit Meerrettich und
geriebenem Apfel kann der
Rote-Bete-Salat noch weiter
verfeinert werden!

Doris Kurz

Mangold-Risotto

Zutaten für 4 Personen

4-6 Stangen Mangold
1 kleine Zwiebel
3 EL Olivenöl
300 g Risottoreis
1/4 l Weißwein oder
     3 EL Apfelessig
Ca. 800-850 ml heiße Gemüse-
               brühe
Salz und Pfeffer
80 g Parmesan, frisch gerieben

Zubereitung

Die Blätter des Mangolds von den Stielen abtrennen, die Stiele ganz fein schneiden. Die feingeschnittenen Zwiebeln und Stiele in 3 EL Olivenöl andünsten, den Risottoreis dazugeben und unter ständigem Rühren glasig schwenken.

Den Reis ständig weiterrühren, bis er heiß ist. Weißwein zugeben und unter mehrmaligem Umrühren leicht einkochen lassen. Etwas heiße Brühe zugeben und köcheln lassen. Immer wieder umrühren und einköcheln lassen, bis das Risotto die richtige Konsistenz hat (dauert etwa 18 Minuten).

Währenddessen die Blätter des Mangolds in kleine Streifen schneiden. Wenn das Risotto fast fertig ist, die Blätter in die Masse rühren, gut mischen und mit Butter verfeinern. Mit Salz und Pfeffer abschmecken, anrichten und mit Parmesan servieren.

Zubereitungszeit: ca. 30 Minuten

Katharina Haag

Sonntag ist Kuchentag, »das war schon bei meiner Mutter so«, erklärt Katharina Haag. Und wenn Rhabarberzeit ist, wird natürlich der eigene Rhabarber verarbeitet, den sie bei ihrem Rezept auch besonders schätzt, weil er für eine schöne säuerliche Note sorgt. Doch auch Himbeeren oder Erdbeeren können verwendet werden.

Beim eigenen Garten ist die Steuerberaterin und LandFrau diejenige, die die Ernte verarbeitet. Fürs Gärtnern selbst sind ihr Mann und ihre Schwiegermutter zuständig. Und die beiden Söhne, Anton, vier, und Pius, zwei Jahre alt, gärtnern im eigenen Hochbeet auch schon gerne mit und gießen die Setzlinge – früh übt sich, wer ein Meister werden will. Zu sehen, wie Gemüse wächst, macht offensichtlich neugierig, denn die beiden essen und probieren alles, was auf den Teller kommt, berichtet die Mutter.

Zutaten
für ca. 12 Kuchenstücke

Für den Boden
180 g Vollkornbutterkekse
100 g flüssige Butter
10–15 Löffelbiskuits

Für das Rhabarberkompott
5–7 Stangen Rhabarber
60 g Zucker
1 EL Vanillezucker
2 EL Erdbeermarmelade

Für die Füllung
400 ml Sahne
4 Eigelb
50 g Speisestärke
200 g Zucker
1 EL Vanillezucker
1 Pck. Sahnesteif
500 g Quark

Zubereitung

Am Vorabend den Rhabarber schälen, würfeln und mit Zucker bestreuen. In diese Masse die Erdbeermarmelade einrühren.

Rhabarbermasse in ein Sieb geben, den Saft auffangen und diesen aufkochen lassen. Speisestärke mit etwas Wasser verrühren und zu dem Rhabarbersaft geben. Einkochen lassen, bis der Saft etwas eindickt. Dann die Rhabarberwürfel dazugeben und weiter köcheln lassen.

200 ml Sahne zum Kochen bringen. Eigelbe, Zucker, Vanillezucker, 50 ml Sahne und Speisestärke in eine große Schüssel geben und verquirlen. Die gekochte, noch warme Sahne unter ständigem Rühren dazugeben.

Nun die Masse erneut erhitzen und unter ständigem Rühren eindicken lassen, bis die Masse eine Konsistenz wie Pudding hat. Die Masse abgedeckt abkühlen lassen.

Nach dem Abkühlen die restliche Sahne steif schlagen. Sahne und Quark anschließend in die Puddingmasse einrühren.

Vollkornkekse zerbröseln und flüssige Butter hinzugeben. Die Masse auf dem Springboden verteilen. 20–24 cm-Springform verwenden.

Anschließend die Hälfte der Quark-Pudding-Masse auf den Boden geben. Die Masse mit Löffelbiskuit bedecken. Die Hälfte des Rhabarberkompotts auf die Biskuits geben und anschließend die restliche Quark-Masse darauf schichten.

Den Kuchen nun für mindestens 4 Stunden (besser über Nacht) kühl stellen und ziehen lassen. Vor dem Servieren aus der Springform lösen und das restliche Rhabarberkompott als Dekoration auf dem Kuchen verteilen.

Zubereitungszeit: ca. 60 Minuten

Rhabarber-Tiramisu-Käsekuchen
(ohne Backen)

Katrin Stauß

Staudensellerie-Salat mit Pinienkernen

Zutaten für 4 Personen

500 g Staudensellerie
1 roter Apfel, mittelgroß
1 Zwiebel
50 g Pinienkerne

2 EL Rosinen
2 EL Walnussöl
3 EL weißer Balsamico
Salz, Pfeffer

Zubereitung

Die Rosinen in heißem Wasser einweichen. Den Sellerie säubern und in feine
Scheiben schneiden. Die Zwiebel schälen
und in feine Würfel schneiden. Den Apfel
waschen, achteln und entkernen, dann
in feine Scheiben schneiden. Die Rosinen
abtropfen lassen und klein schneiden.
Die Pinienkerne grob hacken.

Aus dem Öl, dem Balsamicoessig, Salz
und Pfeffer eine Marinade herstellen und
mit Staudensellerie und Apfel mischen.
Das Ganze gut durchziehen lassen,
nochmals abschmecken.

Zum Schluss mit Rosinen und Pinienker-
nen bestreuen. Statt Pinienkerne kann
man auch Walnüsse verwenden.

Zubereitungszeit: ca. 20 Minuten

Susanne Dalke

Gutes Gemüse, Pfeffer und Salz, Wildkräuter und das älteste Süßungsmittel, das die Menschheit kennt, Honig – mehr braucht es nicht für ein perfektes Sommergericht. Im Rezept sind zwei Steckenpferde von Susanne Dalke: Bienen und Wildkräuter. Als Kräuterpädagogin und Fachberaterin für Bienenprodukte ist sie für beides Expertin und verwendet daher diese Gaben der Natur gerne in der Küche.

Natur bedeutet der LandFrau aus Ruppertshofen, die sich in der Vorstandschaft des Vereins engagiert, viel. Zusammen mit ihrem Mann pflegt sie eine Streuobstwiese und nutzt diese auch für ihren Kurs »Kochen in der Natur«. Natürlich gibt es dann auch den eigenen Apfelsaft. Was aus dem eigenen Garten komme, schmecke einfach gut. Dass dies Arbeit und Mühe mache, sei nur die eine Seite, die andere: »Es ist einfach schön und tut gut, in der Natur zu sein.«

Zutaten für 4 Personen

für die Schupfnudeln
1 kg Kartoffeln
1–2 Eier
100 g Mehl
Salz, Muskat

für die Marinade
1 EL Balsamico
3 EL Olivenöl
1 EL Honig
Petersilie und Schnittlauch und/oder andere Kräuter aus dem Garten, auch Wildkräuter wie Brennnessel, Giersch oder Dost eignen sich
Salz und Pfeffer

Verschiedene Gemüsesorten wie Karotten, Zucchini, Champignons, Paprika, Cherrytomaten

Zubereitung

Für die Schupfnudeln werden 1–2 Tage alte, gekochte, geriebene Kartoffeln mit den anderen Zutaten zu einem festen Teig verarbeitet. Den Teig zu fingerlangen und fingerdicken Würstchen formen. In kochendes Salzwasser geben, bis sie oben schwimmen.

Dann das Gemüse in mundgerechte Stücke schneiden. Marinade anrühren und über das Gemüse geben und vermischen. Das marinierte Gemüse in der Pfanne anbraten.

Die Schupfnudeln anbraten und beides miteinander vermischen und mit den Kräutern vermengen.

Zubereitungszeit: ca. 75 Minuten

Schupfnudeln mit mariniertem Honiggemüse

Bananen-Brombeer-Mus

Zutaten für 4 Personen

450 g Brombeeren
2 EL Wasser
50 – 80 g Zucker
2 Bananen
1 Becher Sahne oder Doppelrahmkäse
Brombeeren, Bananenscheiben
   zum Verzieren

Zubereitung

Die Brombeeren mit dem Wasser 10 Minuten dünsten. Anschließend den Zucker und die Bananen-Scheiben zugeben. Alles zusammen pürieren und abkühlen lassen.

Inzwischen die Sahne steif schlagen und unter das abgekühlte Püree heben.

Portionieren und kalt stellen.

Vor dem Servieren mit einigen Brombeeren und Bananen-Scheiben garnieren.

Zubereitungszeit: ca. 20 Minuten

Info:
Das Dessert ist
schnell zubereitet!

Therese Grieb

Obwohl sie eigentlich ein Stadtkind ist, ist der eigene Garten für Therese Grieb ungemein wichtig. Sie genießt es, ihr morgendliches Müsli mit den eigens geernteten Beeren zu garnieren. Der Garten, den sie in ihrem Heimatort Rattenharz hegt und pflegt, bedeutet für sie Erholung. In ihrem Gewächshaus baut sie unter anderem Tomaten, Gurken, Salat, Fenchel und Zucchini an. Mit diesem Gemüsevorrat ist ihr gesamter Bedarf gedeckt, sie muss nicht extra auf den Markt gehen. Therese Grieb schätzt ihren Garten sehr, saisonaler und regionaler Konsum ist ihr sehr wichtig. Auch ihr Brot backt sie selbst im eigenen Holzbackhaus.

Therese Grieb ist schon seit 35 Jahren bei den LandFrauen. Sie hat bereits einige Ämter auf Kreis- und Landesebene ausgeübt. Heute leitet sie den Arbeitskreis Gesundheit und Bewegung und betätigt sich als Übungsleiterin für präventive Gymnastik. Außerdem treibt sie in ihrer Freizeit gerne Sport wie etwa Joggen oder Radfahren.

Zutaten für 4 Personen

500 g Fenchel
150 g Birne
70 g Feldsalat

Marinade

3 EL Zitronensaft
2 EL Olivenöl
Salz, Pfeffer

Topping

50 g Saure Sahne
50 g Gorgonzola

Zubereitung

Den Fenchel putzen und das zarte Grün zur Seite legen. Die Fenchelknolle vierteln, den Strunk entfernen und in sehr feine Streifen schneiden. Die Birne vierteln und in dünne Scheiben schneiden. Den Feldsalat putzen, waschen und abtropfen lassen. Alle Zutaten dekorativ anrichten.

Aus Zitronensaft, Olivenöl, Salz und Pfeffer eine Marinade herstellen und über das Gemüse träufeln.

Den Gorgonzola mit einer Gabel fein zerdrücken und mit der sauren Sahne mischen. Auf dem Salat verteilen und mit dem Fenchelgrün garnieren.

Zubereitungszeit: ca. 20 Minuten

Katrin Stauß

Fenchel-Birnen-Salat

Tomaten-Zucchini-Kuchen

Ingrid Wahl

Zubereitung

Das Weizenmehl mit der Hefe, dem Zucker und dem Salz in eine Schüssel geben und verrühren. Die lauwarme Milch und das Butterschmalz dazugeben und alles zu einem glatten, kompakten Teig verrühren.

Den Teig mit dem Kochlöffel so lange schlagen, bis er Blasen wirft. Zugedeckt an einem warmen Ort zur doppelten Menge aufgehen lassen.

Den Teig durchschlagen und auf einer bemehlten Arbeitsfläche ausrollen.

Ein Backblech mit Butterschmalz ausfetten, den Teig darauflegen, den Rand hochdrücken und den Teigboden mit einer Gabel einstechen.

Die Tomaten und Zucchini putzen, waschen, in Scheiben schneiden und schuppenartig den Teig damit belegen. Das Ganze mit Salz, Pfeffer, Cayennepfeffer und Muskat bestreuen und den Käse darauf verteilen.

Die Eier mit der Crème fraîche und den Kräutern verrühren, mit Salz, Pfeffer und Cayennepfeffer abrunden und gleichmäßig auf das Gemüse träufeln.

Den Kuchen im auf 180–200°C Umluft vorgeheizten Backofen 40–50 Minuten backen.

Herausnehmen, anrichten, garnieren und servieren!

Zubereitungszeit: ca. 100 Minuten

Zutaten für 4 Personen

250 g Weizenmehl
1/2 Pck. Trockenhefe
1 TL Zucker
1 Prise Salz
150 g lauwarme Milch
70 g zerlassenes Butterschmalz

Belag
500 g Tomaten und Zucchini
Salz, Pfeffer aus der Mühle
1 Prise Cayennepfeffer
1 Prise Muskat
80 g Emmentaler
2 Eier
100 g Crème fraîche
1 EL Thymian
1 EL Majoran

Helwiga Heinrich

Helwiga Heinrich liegen die Heimat und die Natur am Herzen. Ihre Liebe zum Garten haben ihre Großmutter und ihre Mutter grundgelegt. Die Arbeit mit der Erde gebe ihr Kraft und Energie, erzählt sie. »Im Garten bin ich ganz bei mir.« Auch sind die Sorgen weit weg, wenn sie sieht, wie alles wächst und gedeiht oder wie sich die Natur etwa nach einem Hagel wieder aufrappelt.

Was ihr auch wichtig ist: Die Wertschätzung ist eine andere, wenn das Obst und Gemüse selbst angebaut wird: »Eine Gurke aus dem eigenen Garten isst man anders.« Beim Anbau lerne man Geduld und Ausdauer, was sie auch als sehr wichtig erachtet.

Die aktive Schechingerin engagiert sich auch in ihrem Heimatort: Ein Besinnungsweg entlang des Fränkisch-Schwäbischen Jakobsweges geht auf ihre Initiative zurück sowie ein Bildband, der die landschaftliche Schönheit rund um Schechingen einfängt.

Rezept für Zwetschgenmarmelade nach Omas damaligem Wissen

Für die Herstellung ohne Geliermittel rechnet man 500 g Obst und 500 g Zucker, 1 Zimtstange, die beim Abfüllen wieder entnommen wird. Alles wird solange unter Rühren gekocht, bis es dicklich wird und anfängt zu gelieren. Vor dem Abfüllen unbedingt auf einem kalten Teller eine Gelierprobe machen. Geliert die Masse nicht, muss die Kochzeit verlängert werden.

Die gekochte Marmelade wird in saubere, vorgewärmte Gläser mit Schraubdeckel randvoll eingefüllt. Der Rand wird mit einem sauberen Tuch abgewischt und die Gläser noch heiß zugeschraubt. Jetzt werden die Gläser 5 Minuten auf den Kopf (Deckel) gestellt, dann umdrehen und in aller Ruhe auskühlen lassen.

Zubereitungszeit: ca. 90 Minuten

Götterspeise
oder schwäbisches Tiramisu

Zutaten für 4 Personen

1 Pck. Anisschnitten vom Bäcker

1/2 Glas Zwetschgenmarmelade

1/8 l Rotwein (alkoholfreie
   Alternative: Orangensaft)

1 Pck. Vanillepudding

500 ml Milch

2–3 EL Zucker

Zubereitung

Anisschnitten in eine Glasschale schichten. Dabei die jeweiligen Schnitten mit Zwetschgenmarmelade bestreichen. Rotwein (oder Orangensaft) über die Anisschnitten träufeln. Einen Vanillepudding kochen und über die Masse geben.

Die Götterspeise sollte gut durchziehen und eventuell einen Tag vor dem Verzehr gemacht werden.

Zubereitungszeit: ca. 30 Minuten

Claudia Vogt

Krautsalat

Zutaten für 8 Personen

1 Weißkohl
2 Zwiebeln
1 kleine Tasse Öl
1 kleine Tasse Zucker
2 EL Salz
1 TL Pfeffer
1–2 TL Kümmel
1/2 Flasche Kräuteressig
1 Liter Mineralwasser
   (mit Kohlensäure)

Zubereitung

Den Kohl von den äußeren Blättern und dem Strunk befreien, dann ganz fein raspeln und in eine Schüssel geben. Zwiebeln klein würfeln und zum Weißkraut geben.

Den Zucker mit Salz, Pfeffer, Kümmel, Kräuteressig, Öl und Mineralwasser vermischen. Der Zucker und das Salz sollten sich gut auflösen. Wer Kümmel nicht mag, kann ihn auch weglassen. Die Marinade über das Kraut gießen. Die Schüssel mit einem Deckel oder einem Teller abdecken und beschweren (Konservendosen eignen sich gut dazu), dann an einem kühlen Ort 24 Stunden stehen lassen. Am nächsten Tag die Marinade abschütten und servieren.

Den Krautsalat kann man auch in Einmachgläser füllen, mit der Marinade bedecken und im Kühlschrank einige Zeit aufbewahren.

Zubereitungszeit: ca. 20 Minuten

Info:

Der Krautsalat muss
24 Stunden ruhen!

Barbara Klement

Blumen, Obst, Salat, Tomaten und Kürbisse – all dies pflanzt Barbara Klement in ihrem eigenen Garten an. Kürbisse wachsen auf dem Kompost, da es dort besonders fruchtbaren Humus gibt. Aus ihnen werden dann Gnocchi oder Schupfnudeln gemacht. Im Garten kann Barbara Klement zur Ruhe kommen, sie vergisst oft die Zeit, wenn sie mit Gartenarbeit beschäftigt ist. Sie hat einen naturnahen Garten, in dem ein »organisiertes Durcheinander« herrscht.

Die Weilermerin ist seit 1994 bei den LandFrauen. Heute sind ihr die Vorträge und das vielfältige Bildungsangebot der LandFrauen sehr wichtig. Sie selbst hat auch schon mal ein Amt bei den Land-Frauen übernommen: Als Schriftführerin hat sie sich an der Programmplanung beteiligt. In ihrer Freizeit singt Barbara Klement im Chor oder macht Sport, denn: »Sport ist ein Muss, wenn man älter wird, sonst kann man sich irgendwann gar nicht mehr bewegen«, sagt sie mit einem Augenzwinkern. So wandert sie gerne, macht Yoga und betreibt Nordic Walking.

Zutaten für 6–8 Personen
(je nach Beilagen und Hunger)

500 g mehligkochende Kartoffeln
    vom Vortag
500 g Hokkaido-Kürbis
2 Eigelb
50 g Hartweizengries
50 g Vollkornmehl
350 g Mehl
1/2 TL Kurkuma
1/4 TL Pfeffer
1 EL Salz
1 Prise geriebene Muskatnuss

Zubereitung

Den Hokkaido-Kürbis im Ofen bei 180°C Ober-/Unterhitze 20 Minuten backen, nach dem Abkühlen fein reiben. Die am Vortag gekochten Kartoffeln durch die Kartoffelpresse drücken. Alle Zutaten zu einem glatten Teig kneten. Klebt der Teig noch, etwas Mehl hinzufügen, ist er zu trocken, noch ein Eigelb dazugeben. Auf einem gut bemehlten Backbrett ca. 3 cm dicke Rollen formen und davon kleine Portionen zum »Schupfen« schneiden.

Die Schupfnudeln im Salzwasser garen lassen, bis sie oben schwimmen.

Zubereitungszeit: 60–90 Minuten

Tipp:

Sie schmecken klassisch als Beilage zu Fleischgerichten oder als Teil eines vegetarischen Hauptgerichtes. Zum Beispiel mit Pilzen oder Gemüse wie Rosenkohl oder Schwarzwurzeln und Kräutern in der Pfanne gebraten.

Kürbis-Schupfnudeln

Ursula Schabel

Fruchtig-frostiger
Beerentraum

Zutaten für 4–6 Personen

400 ml Sahne
250 g Quark (20 %)
80–100 g Zucker
     (je nach Geschmack)
400 g gefrorene Johannisbeeren,
    rot und schwarz gemischt,
    oder Brombeeren

Zubereitung

Die Sahne aufschlagen, den Quark und den Zucker unterheben. Die gefrorenen Beeren mit der Küchenmaschine fein raspeln und ebenfalls unterheben. Sofort servieren.

Zubereitungszeit: ca. 20 Minuten

Zutaten für 4 Personen

600 g Rosenkohl
1 Zwiebel
70 g Schinkenspeck
1 EL Rapsöl
3 EL Essig
1 TL Senf
Salz, Pfeffer
2 EL Kürbiskernöl
3 EL Kürbiskerne

Zubereitung

Die Rosenkohlröschen putzen, die äußeren Blätter entfernen, waschen und vierteln. Die Zwiebel schälen und fein würfeln. Schinkenspeck ebenfalls würfeln und beides im Rapsöl leicht anbraten. Den Rosenkohl dazugeben und unter Wenden ca. 5 Minuten leicht rösten, dann in einer Schüssel etwas abkühlen lassen.

Essig mit Senf, Salz und Pfeffer verrühren und mit dem Rosenkohl mischen, gut durchziehen lassen und nochmals abschmecken.

Vor dem Servieren mit dem Kürbiskernöl beträufeln und mit den Kürbiskernen bestreuen.

Zubereitungszeit: ca. 30 Minuten

Katrin Stauß

Rosenkohlsalat
mit Speck und Kürbiskernen

Regina Herrmann

Lauch
im Schinkenmantel

Zutaten für 4 Personen

1 kg Lauch
Salzwasser
200 g Schinken in Scheiben
30 g Butter
30 g Mehl
250 ml Gemüsebrühe
250 ml Milch
120 g Schmelzkäse oder
      70 g geriebener Käse
Salz, Pfeffer, Muskat

Zubereitung

Lauch putzen, waschen und in 6 etwa 20 cm lange Stücke schneiden. 5–10 Minuten in Salzwasser garen (Garprobe!). Lauch in die Schinkenscheiben wickeln und in eine gefettete Auflaufform legen.

Aus Butter, Mehl, Gemüsebrühe und Milch eine helle Mehlschwitze zubereiten und 10 Minuten köcheln lassen. Den Schmelzkäse oder geriebenen Käse in die Grundsoße einrühren und die Soße mit Salz, Pfeffer und Muskat abschmecken; über den Lauch geben und bei 180 °C Ober-/Unterhitze ca. 30 Minuten backen.

Zubereitungszeit: ca. 60 Minuten

Tipp:
Als Beilage eignen sich Salzkartoffeln.

Zutaten für 4 Personen

500 ml Milch
40 g Zucker
70 g Grieß
125 g Magerquark
1 Limette, unbehandelt
250 g Heidelbeeren
50 ml Roter Saft
3 EL Ahornsirup
1 TL Speisestärke
Zitronenmelisse

Zubereitung

Milch mit dem Zucker aufkochen. Den Grieß unter Rühren einrieseln, gut aufkochen und dann bei schwacher Hitze 5 Minuten quellen lassen.

Von der Limette die Schale abreiben, dann auspressen. Je die Hälfte der Schale und des Saftes mit dem Quark verrühren und unter den noch heißen Grießbrei rühren.

Vier Förmchen kalt ausspülen, die Flammeri in die Förmchen füllen und im Kühlschrank fest werden lassen.

Die Heidelbeeren waschen. Heidelbeeren mit der restlichen Limettenschale, Limettensaft und Ahornsirup aufkochen. Die Speisestärke mit dem roten Saft verrühren und die Heidelbeeren damit abbinden, nochmals aufkochen lassen.

Das Heidelbeerkompott auf 4 Teller verteilen. Das Flammeri aus den Förmchen stürzen und an das Kompott setzen.

Mit Zitronenmelisse garnieren.

Zubereitungszeit: ca. 30 Minuten

Katrin Stauß

Grießflammeri auf Heidelbeerkompott

Zubereitung

Rote Bete kann variantenreich als Carpaccio, als Creme und als Salat angeboten werden. Wichtig ist, die Cashewkerne bereits über Nacht einweichen zu lassen. Für alle drei Variationen muss zunächst die Rote Bete geschält werden.

Carpaccio: 100 g rohe Rote Bete in hauchdünne Scheiben schneiden (hierfür eignet sich ein Gemüsehobel oder eine Brotschneidemaschine). Die Rote-Bete-Scheiben auf einen Teller legen und leicht mit Öl einreiben.

Rote-Bete-Salat: Die restlichen 400 g Rote Bete 30–40 Minuten weichkochen. Bei großen Knollen bietet es sich an, diese vorher zu vierteln. Dann 250 g in Stifte oder kleine Würfel schneiden. Walnüsse zerkleinern und anrösten. Rosinen, Walnüsse, Holunderblütensirup oder Ahornsirup, Balsamico, Salz und Pfeffer zu der Roten Bete geben und abschmecken. Den Apfel würfeln und beifügen. Falls gewünscht, kann für einen winterlichen Touch ein 1/4 TL Zimt hinzugefügt werden.

Creme: Für die Creme werden 150 g gekochte Bete mit den abgetropften Cashewkernen, dem Zitronensaft, etwas Olivenöl, Salz und Pfeffer mit einem Stabmixer püriert.

Alle drei Variationen werden gemeinsam auf einem Teller angerichtet. Der Salat kann in die Mitte der Rote-Bete-Scheiben gegeben werden. Die Creme lässt sich am einfachsten mit einem Eiskugelportionierer dazugeben. Dann kann mit Feldsalat dekoriert und bei Belieben mit frischem Meerrettich oder Parmesan garniert werden.

Zubereitungszeit:
Die Cashewkerne 12 Stunden einweichen.
Für den Salat: Kochzeit 30 Minuten
Restliche Zubereitungszeit:
10 Minuten je Arbeitsschritt

Rote Bete
in drei Variationen

Zutaten für 2 Personen

1/2 kg Rote Bete
150 g Cashewkerne
1/2 Apfel
10 g Rosinen
25 g Walnusskerne
1 TL Holunderblütensirup oder Ahornsirup
1 EL Zitronensaft
1 EL weißer Balsamico
1/4 TL Zimt (nach Geschmack)
Schnittlauch
Olivenöl, Salz und Pfeffer
ein paar Blätter Feldsalat
Parmesan oder frischer Meerrettich

Isabel Munk

Während vor allem ihr Mann gärtnert und verschiedene Gemüsesorten anpflanzt, kümmert Isabel Munk sich um die Blumen. Ihr macht es Spaß, für die Dekoration im Garten zu sorgen. Außerdem hat sich die Arbeit im Garten für sie zu einem schönen und beruhigenden Ausgleich entwickelt. Schon seit einigen Jahren lässt sich die Hobbygärtnerin mit frischem Gemüse beliefern. Das spart Zeit und gewährleistet, immer Bio-Produkte aus der Region zur Verfügung zu haben.

Isabel Munk wohnt seit sechs Jahren in Pfahlbronn. Ein Jahr nach dem Umzug entschloss sie sich, den LandFrauen beizutreten und sich gleich in den Vorstand wählen zu lassen. Seitdem ist sie aktiv dabei, wenn es um das Erstellen des Jahresprogramms, Pressearbeit oder um die Pflege des Webauftritts geht. An den LandFrauen gefällt ihr vor allem das Beisammensein, etwa bei einem Treffen im Biergarten oder im Eiscafé. Neben den LandFrauen und ihrem Ehrenamt in der Hospizarbeit macht Isabel Munk gerne etwas mit ihren Enkeln oder genießt es, draußen in der Natur zu sein.

Gabi Müller

Gabi Müller bestellt ihren eigenen Blumengarten, lässt jedoch auch einen Teil des Gartens als wilde, insektenfreundliche Bienenwiese stehen. Außerdem hat sie ein Gewächshaus, in welchem sie unter anderem Tomaten, Gurken, Zucchinis und Bohnen anpflanzt. Für Gabi Müller ist nachhaltiges Einkaufen, etwa im Dorfladen, sehr wichtig. Auch im Supermarkt achtet sie darauf, Bio-Produkte und nur Saisonales zu kaufen.

Bis Oktober 2021 war sie Vorsitzende beim LandFrauenverein Schwäbisch Gmünd-Großdeinbach. Sie gehört zum Suppenstern-Team, das den Suppenstern im Himmelsgarten unterstützt, wo nachhaltiges Gärtnern mit Kindern geübt wird. Gabi Müller liebt Sauerkraut, entweder frisch oder als Bayrisch Kraut. So war es für sie klar, dass im Suppenstern ein Projekt mit Kraut gestartet werden soll. Sie ist schon seit 1989 bei den LandFrauen. Ihr gefallen die vielen Kurse, Feste, Ausflüge und Vorträge der LandFrauen. Ansonsten geht sie gerne Radfahren, ist Gymnastikleiterin bei den LandFrauen, unternimmt etwas mit ihrer Familie und ihren Enkeln oder arbeitet ehrenamtlich im Dorfladen.

Zutaten für 4 Personen

500 g Pellkartoffeln
200 g geräuchte Wurst
  (Schinkenspeck, Salami o.ä.)
60 g herzhafter Käse
500 g Sauerkraut
1 großer Apfel
1 Zwiebel
nach Belieben Rosinen

Für die Eiermilch
4 Eier
1/2 l Milch
geriebener Käse
Salz, weißer Pfeffer,
  etwas Muskatnuss

Zubereitung

Pellkartoffeln schälen und in Scheiben schneiden. Zwiebel fein reiben und anrösten. Apfel und Wurst in kleine Würfel schneiden. Käse reiben. Geröstete Zwiebel, Wurst, Käse und Apfel mischen.

Eine große, feuerfeste Auflaufform mit Butter einfetten. Abwechselnd Sauerkraut, Kartoffeln und die Zwiebel-Wurst-Käse-Apfel-Mischung einschichten. Dazwischen nach Belieben etwas Rosinen dazugeben; die letzte Schicht besteht aus Sauerkraut.

Die Eiermilch verquirlen und über dem Sauerkraut verteilen. Dann ca. 30 Minuten bei 200°C Ober-/Unterhitze oder 180°C Heißluft backen.

Zubereitungszeit: ca. 75 Minuten

Sauerkraut-Auflauf

Warme Schokoladentarte

Zutaten
für 8–12 Kuchenstücke

200 g Edelbitter-Schokolade
130 g Butter
120 g Zucker
4 Eier (Größe M)
30 g Weizenmehl

Zubereitung

Schokolade grob hacken und zusammen mit der Butter im Wasserbad schmelzen. 4 Eigelbe, 60 g Zucker und das Mehl unter die Schokolade rühren und vom Wasserbad nehmen. Die 4 Eiweiße steif schlagen, dabei den restlichen Zucker zugeben und unter die Schokoladenmasse heben.

Backofen auf 160 °C Ober-/Unterhitze vorheizen. Eine Tarteform mit Backpapier auslegen und den Teig einfüllen. Alternativ kann eine 26-cm-Springform genommen werden, die etwas eingefettet und mit Semmelbröseln ausgestreut wird.

Auf mittlerer Schiene 35 Minuten backen.

Nur etwas abkühlen lassen und als Dessert reichen, dazu passt gut Vanilleeis.

Als Kuchen gut abkühlen lassen und einige saisonale Früchte in die Mitte geben oder je nach Obstsorte schon mitbacken. Mit Sahne servieren.

Zubereitungszeit: ca. 60 Minuten

Rita Wiesenborn

Für Rita Wiesenborn ist die Schokoladentarte das optimale Rezept, wenn spontan Besuch kommt, da sie ihn gerne warm serviert. Er eignet sich als Nachtisch oder zum Kaffee, kann mit Orangen- oder Vanillesauce serviert oder mit Früchten dekoriert werden. »Und die Zutaten hat man in der Regel daheim.«

Sie und ihr Mann pflegen einen Garten mit Obstbäumen und haben einen alten Sandkasten mit Kräutern bepflanzt. Sehr froh ist die Lorcherin, dass es in der Nachbarschaft einen Gemüsebauer gibt, bei dem sie alles frisch kaufen kann.

Die aktive Seniorin backt und kocht gerne. Ein weiteres Hobby sind Handarbeiten: Häkeln, Stricken, Nähen und Bastelarbeiten wie z.B. Papiersterne falten. Und seit ihr Mann in Rente ist, gehen sie viel wandern und verreisen.

Erhältlich im Buchhandel und auf www.einhornverlag.com

Landfrauen kochen & backen
Softcover, 60 Seiten, 21×21 cm
ISBN 978-3-95747-090-4   **7,90 €**

Schnelles Gebäck
Softcover, 60 Seiten, 21×21 cm
ISBN 978-3-95747-097-3   **8,80 €**

Aufstriche, Dips & Brot
Softcover, 60 Seiten, 21×21 cm
ISBN 978-3-95747-019-5   **8,80 €**

Mit den Landfrauen durch das Jahr
Softcover, 108 Seiten, 21×21 cm
ISBN 978-3-95747-062-1   **9,90 €**

einhorn